AF322036

JOURNAL

D'UN VOLONTAIRE

DE L'ARMÉE D'ORIENT.

JOURNAL

D'UN VOLONTAIRE

DE L'ARMÉE D'ORIENT [1].

Vie de camp. — Hôpitaux.

Combien je vous remercie, cher père, de m'avoir fait faire connaissance avec Vauvenargues ! Ce nom me rappelait bien un penseur, dormant côte à côte dans votre bibliothèque avec Labruyère et Larochefoucault d'un sommeil qui n'avait aucun trouble à redouter de ma part ; mais j'étais loin de supposer que ce penseur dût m'offrir en sa personne le modèle du parfait soldat. Il n'est pas commun chez MM. les philosophes de nous prêcher ainsi d'exemple et de mettre leur *morale en action*. J'ai noté cette belle maxime de Bossuet qu'aimait à répéter Vauvenargues : « *Une âme guerrière doit être maîtresse du corps qu'elle anime.* » Mais ce qui m'a charmé, c'est cette réponse à une

---

(I) Extrait de la *Gazette de Lyon*, des 19, 20-21, 24-25 décembre 1856.

1857

question que je me suis souvent posée à moi-même sans pouvoir la résoudre : Quel est donc l'attrait, me suis-je demandé quelquefois, qui, à l'approche de l'ennemi, au bruit précurseur du combat, fait tressaillir vos armes dans vos mains, fait courir une flamme dans vos veines et, comme au cheval de Job, vous fait crier : « Allons ! » Eh ! quoi, aurions-nous donc soif de sang, que la pensée de le verser nous anime à ce point ? Est-il rien qui pût ennoblir une soif pareille, si nous la partagions avec le tigre ? Vauvenargues répond : « Cet attrait n'est point dans la mort que l'on donne, mais dans la mort que l'on reçoit et que l'on brave. » Cette réponse ne vous semble-t-elle pas admirable, cher père ? Il n'est pas possible de définir plus noblement l'ardeur guerrière et de mieux distinguer le vrai courage de la férocité.

Je reprends maintenant la suite de mon récit. Nous en étions au *repos de l'armée, au retour des tranchées*. Ce repos, je vous assure, n'a rien de commun avec celui des soldats d'Annibal à Capoue. Voyez-vous cette colonne armée qui suit les sinuosités du Carrénage ? Cette autre qui suit le ravin de la Karabelnaya ? Comme tous ces pauvres soldats sont abîmés de fatigue ! Beaucoup de ceux qui composaient la colonne au départ, manquent au retour, et cependant, écoutez ! quel entrain dans leur conversation, quelle animation, quel feu dans leurs gestes ! Vous ne doutez certainement pas qu'il ne s'agisse entre eux de l'affaire à laquelle ils viennent d'assister et des faits militaires dont ils ont été les acteurs pendant leur tour de garde ?—Vous vous trompez grandement : nous sommes en train de discuter le *tour de cuisine*. Tout s'arrange; les parts d'action se distribuent suivant les aptitudes et les talents. Un tel ira au bois, un autre à l'eau; celui-là fera la *turlatine*, autrement dit la *soupe*, en langue vulgaire. C'est bien; tout ira pour le mieux.

Nous voici dans nos campements. Nous nettoyons nos armes, et de nos armes nous passons à nos personnes qui n'en ont pas moins besoin: nous nous lavons à *grande eau*, pour nous rafraîchir, et nous voilà, avant même d'avoir dîné, en état de présenter à l'ennemi des faces renouvelées. Mais l'ennemi n'ayant rien à nous demander pour le moment, on s'étend çà et là, sollicitant de Morphée (vieux style) un tête-à-tête qu'il ne nous fait pas attendre; tête-à-tête fréquemment interrompu par une mouche indiscrète, ou d'autres insectes que la délicatesse ne me permet pas de nommer, mais qui, selon l'expression de nos troupiers, étaient beaucoup moins rares en Crimée que les jambons de Mayence.

Sur ces entrefaites, on bat aux sergents de semaine; et ceux-ci viennent bientôt apportant l'ordre de manger immédiatement la soupe, et de partir pour une corvée générale. Ces corvées consistaient ou à approprier le camp, ou à aller travailler à la route qui menait de Balaklava à Sébastopol, ou bien encore à aller chercher du bois pour les infirmeries régimentaires, ou l'état-major de la division. On se hâtait d'engloutir sa maigre *turlatine*, tout en étendant les jambes et les bras qu'un trop court sommeil avait plus engourdis que reposés, puis un biscuit à la main, un morceau de lard rance de l'autre, nous arrivions au premier coup de tambour. Là, l'adjudant-major de semaine nous fixait nos différentes corvées, et voilà

> Ces cinquante mille Alexandres
> Payés à quatre sous par jour,

s'en allant clopin-clopant, arracher des racines de buisson ou casser des pavés sur la route. Mais une compensation vivement appréciée nous attendait le soir au retour : c'était le café, ce cher café que nous préférions à tout; aussi, en usions-nous largement.

A notre retour de Crimée, le soldat eut beaucoup de peine à s'habituer aux modestes tasses en usage chez les Français *de France*; chez les Français *d'Orient*, l'usage est tout contraire, et au lieu de procéder par tasses, nous procédions par gamelles.

Cet exercice se répétait matin et soir, et quelquefois même aux tranchées, de telle sorte que chaque soldat ne consommait pas moins d'un, deux et jusqu'à trois litres de café par jour ; et comme j'ai toujours ouï dire que le café éveillait l'esprit et en donnait même aux plus sots, jugez un peu quelle spirituelle armée nous faisions ! Nous n'avions pas, il est vrai, des ustensiles et des appareils de préparation bien perfectionnés : le café se faisait dans nos marmites, dont nous versions ensuite le contenu sur du biscuit avec accompagnement de la poudre plus ou moins blanche que l'on nous donnait pour du sucre. Eh bien ! vraiment, breuvage ou brouet, nous nous en régalions avec délices. Nous n'étions pas toujours aussi heureux ! Maintes fois avons-nous monté notre garde sans aucun vivre et enviant les sauterelles dont saint Jean se nourrissait au désert.

A l'affaire du Mamelon-Vert, le 7 juin 1855, l'armée du 2e corps est restée vingt-quatre heures au jeûne le plus absolu, et, au bout de ce temps, elle a dû passer vingt-quatre heures encore avec un quart de café, un seizième d'eau-de-vie et un biscuit par homme ; ce qui n'a pas empêché la France d'ajouter une éclatante victoire de plus à ses annales.

Il résultait de cette manière de vivre un grand nombre de maladies. Beaucoup de nos camarades périssaient par leur propre faute, mangeant peu ou ne mangeant pas du tout, un jour, et le lendemain mangeant gloutonnement et sans raison, sous le prétexte de *combler les vides* et de ne rien laisser aux Russes ; ces excès étaient suivis d'indigestions. Et ces indigestions, par les fortes chaleurs dont nous avions à souffrir, dégénéraient promptement en choléra. Enfin, le soldat qui se portait le mieux était l'insouciant, le Roger Bontemps, qui savait se maintenir dans une tranquillité d'esprit à prendre les bons et les mauvais moments d'un cœur égal, allant au feu comme à la soupe et réciproquement et qui, au retour des tranchées, pour dégourdir ses bras et ses jambes et comme antidote à ces funestes crampes qui nous firent perdre tant de monde, se donnait la distraction hygiénique de quelques instants de boxe avec l'Anglais, quand la bonne fortune s'en présentait. — Telles étaient, cher père, nos occupations générales, pendant la durée du siége ; je dis : nos occupations générales, parce que chacun avait ensuite son mode de s'occuper à soi, sa vie propre, ses affaires de cœur, si je puis m'exprimer ainsi.

On a beaucoup parlé de l'esprit religieux de l'armée d'Orient, je ne veux rien rabattre de ce qui a été dit ; mais je n'en ferai ici le sujet d'aucun chapitre, pour ne pas m'exposer à des redites qui seraient sans nouveauté pour vous. Je me contenterai d'affirmer que cet esprit était, en effet, beaucoup plus apparent dans l'armée d'Orient qu'il ne l'est, en général, dans l'armée en France. C'est que le respect humain n'y faisait nulle part obstacle à la foi, là où elle était appelée à se manifester extérieurement ; et puis, qui eût pu, tout au moins, ne pas respecter une religion qui ne nous parlait et ne nous apparaissait en Crimée, que sous ses formes et par ses vertus les plus consolatrices ?

On y put voir surtout, plus qu'ailleurs, que le bon sens, quand il est libre, est un guide qui conduit droit à la religion. C'est là une réflexion que j'ai faite souvent en entendant raisonner *matières religieuses* à de pauvres camarades, braves soldats, qui n'avaient point fréquenté le Portique d'Athènes, pas même l'école de leur village, mais qui possédaient une mine de bon sens aussi riche que leur savoir l'était peu. « Oh ! Dieu des armées ! me disais-je en les écoutant, vous n'êtes pas le Dieu des savants, et le Roi-prophète a dit vrai quand il a dit *que vous accordiez aux petits une intelligence plus claire que les hommes n'en peuvent communiquer* ; et votre divin Fils luimême vous a remercié de ce que *vous aviez révélé aux simples ce que vous teniez caché aux sages et aux prudents.* » (Ces citations vous attestent que le Manuel du Chrétien que vous m'avez envoyé n'a pas été une inutilité pour moi.)

Je dois ajouter que si nos généraux, et nos chefs après eux, nous donnaient l'exemple de tous les courages et de toutes les abnégations, presque tous nous donnaient en même temps l'exemple d'une foi religieuse bien faite pour affermir la nôtre.

Après le siége, les occupations changèrent ; la saison aussi avait changé : autres temps, autres soins. Je reviendrai plus tard sur cette nouvelle période de notre campagne.

. . . .

. . . .

— Aujourd'hui que la journée paraît devoir être belle et que nous avons la permission de l'appel, allumons une pipe de cet affreux tabac des Russes, qui semble une vengeance de leur part, et allons faire une visite aux ambulances françaises. Marchons. Mais ici, sur notre gauche :

J'aperçois l'ombre d'un bouchon ;

c'est la cabane d'un *marcanti*, où deux Anglais se désaltèrent ou s'altèrent, pour parler plus vrai, car tel est l'effet le plus habituel des boissons qui se débitent dans ces établissements très peu orthodoxes de leur nature. Les deux insulaires nous aperçoivent : « Goddem ! stop, my friends, stop ! » Et pour appuyer cet appel, l'un d'eux apparaît sur le seuil les poings fermés et dans la position la plus provocatrice d'un boxeur patenté. D'un bond, l'un de nos compagnons lui fait face, et élevant le pied droit à la hauteur du menton de l'agresseur, il l'eût souffleté de sa semelle, si ce dernier n'eût rompu assez à temps pour éviter le coup.

Cette manière tout aimable d'entrer en conversation est fort appréciée de nos bons alliés. Ils s'en montrent ravis et après un court échange de procédés exclusivement gymnastiques, faute de pouvoir s'entendre autrement, sans doute, nous devenons les meilleurs amis du monde et le mauvais cabanon qui nous réunit réalise complètement la maison que désirait Socrate. « Cognac ! cognac ! » crient nos *Goddem* ; on apporte le prétendu cognac ; nous lui faisons l'honneur très peu mérité de l'accepter comme tel et nous partons. Quant à nos Anglais, si nous repassons dans trois ou quatre heures, nous pouvons être sûrs qu'ils n'auront point abandonné le poste. Seulement, au lieu de les retrouver attablés dans l'intérieur, il est probable que nous les retrouverons horizontalement étendus à la porte de l'établissement et lui servant d'enseigne vivante.

Felices quibus vivere est bibere !

Ces braves fils de la Grande-Bretagne semblaient être venus particulièrement en Crimée pour la satisfaction des zouaves. Qui pourrait compter les verres de toute espèce de choses nom-

mées et innommées que ces bienheureux zouaves ont su tirer de
l'alliance anglaise? Quand vous apercceviez un enfant d'Albion
et un zouave se dirigeant ensemble, *Arcades ambo*, vers un lieu
quelconque de consommation, vous pouviez avoir la certitude
que l'écot serait acquitté en monnaie anglaise : c'est vous dire
quel était invariablement le payant.

Mais nous voici arrivés à l'ambulance des 5e, 4e et 1re divi-
sions du 2e corps. Cette ambulance pourra vous faire juger de
toutes les autres. Nous sommes de vieilles connaissances, le
sous-officier de garde nous laisse entrer sans difficulté. Ces
tentes qui sont à droite renferment les fiévreux, les cholériques,
les scorbutiques. Nous entrons : les visages sont pâles, défaits,
les yeux paraissent sortir de leurs orbites. Un silence de mort
règne parmi ces pauvres malades. Ils n'ont pas la force de parler. L'un d'eux éprouve un besoin, il appelle d'une voix défail-
lante : « Infirmier ! » Celui-ci répond d'une tente voisine :
« Que voulez-vous? — Je voudrais.... — Que le diable vous
» emporte, interrompt l'infirmier ; croyez-vous que je ne sois
» ici que pour vous aider à ça? » Soyez-en bien persuadé, cher
père, j'adoucis singulièrement les expressions, me rappelant le
précepte de Boileau :

> Le latin dans les mots brave l'honnêteté,
> Mais le lecteur français veut être respecté,

et appliquant ce précepte à la langue anti-française dont il s'a-
git. Emus de cette brutalité, nous nous empressons de satisfaire nous-mêmes et de notre mieux au désir du pauvre fiévreux.
Replacé par nous sur son lit, ses traits ne tardent pas à reprendre
leur immobilité sinistre, sans qu'il ait eu l'air de prendre
garde à nos soins; car le mal, par un caractère qui lui est particulier en Crimée, n'agit pas moins fatalement sur le moral que
sur les organes physiques de celui qui en est atteint. Nous pé-
nétrons dans la tente voisine, et nous nous trouvons en face
de l'infirmier à la mauvaise volonté duquel nous venons de
suppléer. Il est là, fouillant le sac d'un soldat dont les yeux

viennent de se fermer pour jamais. Il en distrait avec soin les objets qui lui paraissent avoir quelque valeur, et a bien soin de s'écrier avec un imperturbable sang-froid : « C'est-il rebutant, voyez un peu, d'avoir à *inventer* (il veut dire inventorier) de pareilles garderobes ! » Il prétend ainsi se poser comme remplissant une tâche officielle et accomplissant un devoir. Qu'en est-il ? Dieu le sait. Tout ce que je puis affirmer, quant à moi, c'est que mes effets ont été tant et si bien *inventés* de cette sorte, qu'à ma sortie des hôpitaux il ne me restait d'autres objets que ceux que j'avais sur le corps; le tout dans un état très-voisin de celui de l'enfant prodigue à son retour au foyer paternel. Quel n'eût pas été mon besoin alors, et quelle eût été ma joie d'entendre une voix quelconque s'écrier comme le père de la parabole divine : « Apportez promptement une robe et l'en revêtez, et mettez-lui un anneau au doigt et des souliers aux pieds ? » J'eusse facilement passé sur l'anneau, mais des souliers ! c'était là un rêve pour la réalisation duquel j'eusse tenu quitte du veau gras lui-même.

Mais voici à votre gauche les baraques des blessés. Entrons et jugeons de la différence. Elle est sensible et vous vous en apercevez tout d'abord. Les figures que vous avez devant vous n'ont rien perdu de leur mâle expression. La plupart même sont réjouies et les regards qui rencontrent les vôtres sont pleins de résolution et de feu, quoique rayonnant d'un œil légèrement alangui par la perte du sang. Mais on parle beaucoup; d'où vient cette conversation animée ? —Dans un coin de la baraque se trouvent réunis cinq héros des tranchées. L'un a un bandeau sur l'œil ; l'autre un bras en écharpe ; celui-ci, le plus près du coin, a reçu un coup de feu qui lui a emporté une partie de la joue; celui-là a une jambe de moins, un autre enfin est orné d'un coup de baïonnette dans le flanc. Mais tout cela les touche fort peu en ce moment. Ils sont à terminer une partie de *poule*, jeu de cartes fort en vogue parmi les troupiers, et c'est à qui restera l'enjeu... Bon ! ils ont fini et les voici tout entiers aux charmes de la causerie. Le boîteux bourre la pipe du manchot qui, à son tour, va lui chercher son pot de tisane. Celui-ci boit, regrettant vivement de ne pas voir se renouveler pour lui le miracle des noces de Cana. Hélas ! c'est le miracle contraire qui s'opère en Crimée, et grâce à MM. les fournisseurs, c'est le vin qui s'y change en eau. — Procédez un peu maintenant à la façon du vieux Dante dans la cité des larmes ; interrogez ces joyeux mutilés ; demandez-leur depuis quand et comment ils se trouvent ici ; et vous aurez bientôt le récit le plus pittoresque de la fatale journée du 18 juin , de la sortie du 26 juillet, de ces passes infernales que l'on appelait les tranchées, de tous les épisodes militaires, en un mot, qui ont peuplé l'ambulance et dans lesquels chacun d'eux a eu sa part d'action. Vous pourrez juger par là de l'esprit du soldat français, et vous comprendrez qu'avec de pareils hommes il n'y aurait rien de bien fou à espérer prendre la lune si on leur disait un beau jour : «Il le faut ! »

Vous aurez remarqué, sans doute, les formes un peu moins brutales de l'infirmier : c'est qu'ici le manchot a assez d'un bras pour enseigner la politesse, en cas de besoin. Mais cette modification dans la forme ne change rien au fond, soyez-en bien sûr. Vous allez en avoir la preuve dans la baraque voisine, allons y assister aux pansements. Voyez donc, pourrez-vous contempler ce linge sans dégoût? Depuis plusieurs jours il n'a pas été changé ; mais hélas ! il n'y en pas d'autres : il faut s'en contenter. Un amputé, cependant, s'écrie : « Infirmier, mon linge n'est plus supportable? » — « Va le laver, » lui est-il répondu. Mais l'infirmier coupable de cette sauvage réponse ne la reproduira pas deux fois ; car, derrière lui, se trouve un autre blessé qui, d'un coup de poing vigoureusement appliqué dans le dos, le rappelle à la sensibilité et à la politesse. Le docteur est bien dans la baraque, mais il est tout à ses opérations et n'a point entendu la réponse de son subordonné au pauvre souffrant : il ne l'eût pas laissée impunie ; on s'abstiendra, toutefois, de recourir à son autorité, car ce sont là des comptes que les soldats aiment à régler entre eux et sans l'intervention des tiers. Le docteur a d'autant moins entendu, que je l'aperçois là-bas en extase devant une plaie dont il vient de lever l'appareil. Approchons : « Plaie superbe, s'écrie-t-il,... elle ne peut être plus belle ! »

Il y a deux jours, dans sa visite, l'aumônier aussi la trouvait belle, mais sous un autre point de vue. Touché de la résignation toute chrétienne du patient, jeune soldat breton dont les lèvres venaient de s'appuyer avec amour sur le crucifix du prêtre : « Oh ! convenez-en, mes amis, nous disait ce dernier en appliquant au spectacle qu'il avait sous les yeux un magnifique passage de saint Jean Chrysostôme, convenez-en, la pourpre des rois n'a jamais jeté autant d'éclat que cette plaie sanglante n'en reçoit de son union aux plaies de Jésus-Christ. »

Mais accompagnons le docteur dans cette dernière baraque.

Il ordonne les médicaments et la nourriture, puis s'approche d'un pauvre diable dont il va brûler la blessure. Le soldat le regarde attentivement; son attention est pleine d'anxiété : « Sera-ce long, monsieur le major? — Long? c'est fini, mon enfant. » Le blessé examine et reconnaît avec un indicible soulagement que toutes les chairs mortes sont tombées sans qu'il s'en soit aperçu. Le docteur lui prescrit 1|2 de pain, 1|2 de viande, 1|2 de vin. — « Mais, monsieur le major, les 3|4 ne me feraient pas peur? » — Le major sourit, tâte le pouls du suppliant et fait droit à sa requête, le reconnaissant en effet de mine à tenir tête à la basse cour russe la mieux fournie en canards.

— Mais quel est cet avis si diversement accueilli par les hôtes de l'ambulance? D'où vient, en le recevant du major, cette expression de joie chez les uns, cette expression de regret et de tristesse chez les autres? C'est que les premiers viennent d'être prévenus qu'ils seront évacués demain sur Constantinople, et leur cœur s'épanouit à la pensée des soins qui les y attendent; c'est que les autres restent livrés aux mains des infirmiers, et leur cœur se resserre à cette pensée comme sous le poids d'un cauchemar.

Il est temps de reprendre le chemin de notre camp. Rentrons et promettons-nous de suivre des yeux jusqu'à Constantinople ces pauvres blessés si dignes de pitié et si admirables de gaîté néanmoins dans leurs souffrances. Les jours se suivent et se ressemblent parfois; espérons que la journée de demain ne sera pas moins belle que celle-ci.

Voici le vaguemestre avec le courrier de France, sans doute!... Hélas ! mon cœur a vainement battu; point de lettre de vous, cher père, mais je reconnais avec bonheur et gratitude votre écriture sur ce volumineux paquet de journaux à mon adresse. Quelle bonne soirée mes amis et moi allons devoir à cette bienveillante attention de votre part! Je vous l'ai déjà dit à propos de vos précédents envois, les nouvelles de Crimée en sont ici la partie la plus recherchée et la plus intéressante. Ce n'est pas une petite satisfaction pour nous, en effet, que d'apprendre de Paris que nous sommes confortablement installés sous de bonnes baraques en bois où des poêles en fonte maintiennent une température toute printannière. Heureusement pour notre gloire et malheureusement pour nos personnes, ces merveilleuses baraques n'existent que sur le papier des journaux qui nous en gratifient. Pour que rien ne manque à nos mérites, sans doute, dans cette guerre destinée à présenter l'ensemble de toutes les fatigues du soldat, nous sommes toujours héroïquement campés sous nos primitives *maisons de campagne*, autrement dit sous nos tentes de toile, maisons que chacun de nous peut emporter avec soi sur son dos (avantage que nous partageons avec les escargots), mais que la pluie pénètre avec un sans-façon des moins récréatifs. Nos généraux, nos administrations sont bien, il est vrai, dans des baraques, les ambulances aussi en possèdent quelques-unes, mais c'est tout.

Aux fortes et glaciales neiges succédèrent, au printemps, des vents non moins glaciaux ; ce qui nous amusait énormément peu, car il arrivait parfois que nos tentes se mettant en goguette, prenaient subitement leur vol, jouaient aux quatre coins et allaient s'abattre où bon leur semblait, sans demander l'agrément de leurs malencontreux locataires. Il en est toujours de même. Il suit de là que fréquemment et plus souvent qu'à notre tour, nous commençons la nuit sous nos tentes et nous l'achevons à la belle étoile. Tout cela *n'empêche pas le sentiment* et la gaîté, et rend d'autant plus vrais les vers du père Larue, dont je vous ai déjà remercié, et qui feraient une si belle devise de transparent sur les ruines de Sébastopol :

> *Gallica contrà hyemes et fulmina par sibi semper*
> *Laurus inoffenso frondis honore viget ;*

dystique que l'on pourrait imiter ainsi :

> D'un ennemi puissant allié redoutable,
> L'hiver de ses fureurs s'arme en vain contre nous ;
> Du laurier français la feuille invulnérable
> Préserve de la foudre et verdit sous ses coups.

Voilà, cher père, ce qu'il en est des baraques et des poêles où, sur la foi de vos journaux, vous nous voyez bravant les hivers, le *dos au feu le ventre à table*, comme dit la chanson. L'erreur de ces braves gazettes vient probablement de ce qu'elles auront pris un camp pour un autre ; et leur lunette, en nous cherchant, se sera maladroitement arrêtée sur le camp anglais ; c'est bien un peu excusable à 800 lieues de distance. Du côté des Anglais, en effet, baraques et poêles sont des vérités ; nos chers alliés y sont confortablement établis et leurs baraquements sont si bien organisés que vous diriez de petites villas.

— Mais l'heure du couvre-feu vient nous surprendre. Il faut se coucher. Les soldats comme les enfants aiment à s'endormir au bruit des histoires. Un orateur en titre prend donc la parole et commence un de ces récits, invariables traditions des camps, qu'applaudirent successivement les soldats de Fontenay, de Denain et d'Austerlitz, et que nos successeurs sous les drapeaux entendront à leur tour, comme nous les entendons aujourd'hui. Ces récits s'ouvrent tous par le refrain obligé : *Cric, crac...* c'est le *Gloria patri* du morceau. Vient ensuite l'exorde composé de quelques sentences plus ou moins empruntées au Livre de la Sagesse et qui ne remontent pas toujours au roi Salomon :

« C'est pour vous dire, en vous disant :

Que qui a une tête de beurre ne doit pas s'approcher du four,
Et que pour arriver avant la nuit faut partir avant le jour.

Les esprits ainsi préparés, le narrateur entame une odyssée dont le père Larramée et son ami Lachique sont les inévitables héros. Bien que cette histoire vaille certainement celle dont Lafontaine disait :

Si Peau d'Ane m'était conté,
J'y prendrais un plaisir extrême,

je l'ai entendue si souvent, qu'elle n'exerce plus sur moi d'autre charme que celui de hâter mon sommeil. Ce charme s'étend peu à peu sur l'auditoire tout entier ; le silence se fait dans le camp,

> Et tout dort, et l'armée et les vents et Neptune.

Mais les vents ne dormiront pas longtemps. Vers trois heures du matin survient un orage accompagné de pluie. Une vive fraîcheur nous saisit. Eveillés à demi, nous portons la main à nos fronts ; une eau glaciale les inonde. Nous ouvrons les yeux ; nos regards rencontrent le ciel (et il n'est pas riant), mais ne retrouvent plus nos tentes. Nous n'avons que hâte d'aller les disputer à l'orage avant qu'il les ait emportées hors des lignes où nous pouvons les rejoindre. Ce sont là des jeux auxquels nous sommes trop habitués pour qu'ils nous émeuvent. Si nous devons passer ici un nouvel hiver, nous en verrons bien d'autres.

— Il est six heures du matin. La pluie ne cesse point. Nos blessés d'hier partiront-ils par ce temps-là ? — Rappelez-vous, cher père, qu'ici, en Crimée, *le temps ne fait jamais rien à l'affaire*, il peut être impunément tout ce qu'il voudra ; on ne lui fait l'honneur de tenir compte d'aucun de ses caprices. C'est pourquoi, et malgré le déluge qui vous épouvante, nos blessés sont en route depuis une demi-heure. Ils sont hissés sur des mulets, l'un à droite, l'autre à gauche de la bête qui souvent, accablée sous son fardeau, plie et se laisse tomber lourdement. Secousse terrible pour ceux qu'elle porte. Mais enfin, les voilà rendus à Kamiesch, non sans avoir souffert de la soif, du mauvais temps et de leurs blessures. Ils n'en sont pas moins immédiatement embarqués pour Constantinople. La mer est houleuse, les vagues sont effrayantes ; le vaisseau lui-même semble se balancer avec inquiétude, comme s'il avait l'appréhension des dangers qui l'attendent. Les blessés jettent un dernier regard à cette terre de Crimée qu'un si grand nombre d'entre eux ne doit plus revoir ; long et mélancolique regard, plein d'adieux pour les camarades qui y dorment à jamais...; l'ancre est levée, le vaisseau tourne sur lui-même, et l'on part.

Oh ! mon Dieu, quel voyage ! que de souffrances ! j'en parle en connaissance de cause, et pour avoir éprouvé tout ce que je pourrais essayer de vous décrire ; je n'entrerai cependant dans aucun détail, vous renvoyant à ce sujet aux lettres si touchantes et si vraies du Père de Damas, qu'ont données les journaux français et que vous m'avez fait parvenir vous-même. Je me bornerai donc à quelques lignes : un matelot remplit l'office d'infirmier. C'est un brave homme, ayant toujours aux lèvres un mot de consolation, plein de petits soins pour *ses malades* c'est ainsi qu'il nous appelle, attentif à tous vos besoins, vous aidant dans toutes vos misères, pansant vos blessures avec une bonne grâce toute particulière. On dit que les hommes de mer sont durs ; celui-ci est la preuve du contraire, car il constitue vraiment le garde malade le plus tendre qui se puisse rencontrer.

Hélas ! sa sollicitude adoucit bien nos souffrances, mais ne les empêche pas. Elles sont constamment ravivées par le tangage et le roulis ; heureux quand cet insupportable mouvement ne nous jette pas les uns sur les autres comme des colis mal amarrés. Quel martyre pour de pauvres amputés dont souvent aucun linge ne recouvrait les chairs saignantes !

Grâce à Dieu, voilà Constantinople. Le bâtiment s'arrête ; le vapeur de l'intendance vient chercher les blessés. Deux bonnes sœurs de Saint-Vincent-de-Paul s'y trouvent, munies de biscuits et de vin de Malaga. A la délicatesse des soins qu'elles mettent à nous faire transporter à leur bord, il semble qu'elles se soient donné pour tâche de compenser ceux qui nous ont manqué jusqu'ici. Chacun de nous reçoit de leurs mains une tasse de cet excellent Malaga dans lequel il va tremper avec délices un bon biscuit de Rheims, tout en remerciant Dieu d'avoir créé la femme et de l'avoir ainsi formée de bonté et de courage. Oh ! que nous serons bien à l'hôpital, confiés à de telles mains ! avec quel bonheur, dans ces visages si doux, ne retrouverons-nous pas ceux de nos pauvres mères si souffrantes là-bas en France des maux que nous souffrons ici ! Nous touchons enfin au rivage.

Un bataillon turc en veste de corvée est à la disposition des sœurs pour nous enlever à tour de rôle et nous transporter à l'hôpital. Ces hommes s'acquittent de bon cœur de leur mission, d'autant qu'ils espèrent dévaliser leurs blessés le long de la

route. Affaire de mœurs ! n'y prenons pas garde et souvenons-
nous que nous sommes en Turquie. Rendons-nous à l'hôpital
du Péra ; par cet hôpital nous pourrons juger de tous les autres, tous sont soumis à la même règle, au même régime ; dans
tous ce sont les mêmes bonnes sœurs, et chez toutes c'est la
même douceur, le même sourire sur les lèvres, la même voix
dont le bruit seul console. C'est qu'elles savent vous dire de
telles choses et toujours si à propos, qu'elles semblent com-
mander à la douleur. Vous souffrez énormément, vous vous
lamentez,... elles arrivent et s'y prennent si bien, qu'au bout
de quelques instants vous avez envoyé votre mal à tous les dia-
bles, et vous voilà riant de bon cœur avec elles.

Le Péra, ancienne caserne turque, est un vaste bâtiment
dont le pensionnat de Lamotte, près de Chambéry, peut vous
donner une idée assez exacte. De la mer, on y est vite rendu,
quoique le chemin soit horriblement rocailleux et montueux ;
mais si l'on veut s'y rendre en passant par *Galata,* c'est tout
autre chose. Vous avez tout le quartier français à parcourir,
de la boue jusqu'aux genoux et deux heures de marche ou plutôt
de *patauge* avant d'être à la porte. Le jour où j'y fus porté,
nous avions passé à la droite de la ville, c'était le chemin le
plus court, mais nous y apprîmes ce que c'est que d'être secoués
à la turque, et nous n'avions pas un membre qui ne fût plus
ou moins moulu, lorsque nous arrivâmes à la porte d'entrée
du Péra. Nous allions donc enfin nous reposer! Il faut avoir passé par les épreuves que nous venions de subir, pour comprendre tout l'idéal de ce seul mot : *repos !*

Cela me rappelle le dicton que la bonne Thelmette a gardé
de son vieux maître : « Oh ! que celui qui a inventé les lits a
bien inventé ! » Eh bien, c'étaient des lits que nous allions avoir,
de véritables lits, aux chevets desquels veillerait pour nous la
plus excellente des trois vertus théologales : la Charité. (Ah !
cher père, vous voyez encore ici quel bon profit m'a fait votre
Manuel du Chrétien !)

On nous plaça dans des salles où nous eûmes pour camarades de couche des blessés russes de l'affaire du 16 août, à la

2

Tchernaïa. Parlez moi de la guerre et du canon pour réaliser la fraternité des peuples ! Aussi, un philosophe quelque peu excentrique du convoi dont je faisais partie, prétendait-il qu'il n'y avait plus désormais qu'un chant vraiment philanthropique, universel et social ; c'était celui-ci :

Nous allons nous percer les flancs,
Ran, rantanplan,
Tirelire en plan,
Nous allons nous percer les flancs,
Ah ! que nous allons rire !

C'est au chant de cet hymne, selon lui, que se lèveront désormais les peuples qui aspireraient à devenir frères. « Comment, disait-il, Français et Russes en sont-ils à se faire ici des politesses entre deux draps, si ce n'est pour s'être mutuellement fendillé le ventre de leur mieux à coups de baïonnette? Quel philanthrope, à l'aide des plus belles harangues, pourrait se flatter d'un pareil résultat en dix siècles? » Soit donc! et continuons à nous percer les flancs, rantanplan tirelire en plan, jusqu'à l'établissement de la fraternité universelle, qui ne saurait tarder à ce train-là, si nous y mettons un peu de cœur.

En attendant, des infirmiers s'empressèrent autour de nous, et, tout en nous déshabillant avec une sollicitude à laquelle ne nous avait point habitués leur uniforme, il nous accablèrent de questions sur le terrible assaut du 8 septembre et la prise de Sébastopol, unique objet alors des préoccupations publiques à Constantinople. Leur curiosité fut amplement satisfaite au moyen de détails de la véracité desquels, grâce à Dieu, je ne suis point appelé à être garant. Ces infirmiers-là, j'aime à le reconnaître, étaient d'une nature singulièrement améliorée ; on s'apercevait tout d'abord que les sœurs avaient passé par là.

Dès que nous fûmes couchés, un essaim de cornettes blanches apparurent dans notre salle, chargées de vin, de biscuits, de

tabac, d'allumettes : il n'est pas un besoin qui n'eût été prévu.
Une sœur s'approcha de moi et me dit : « Vous souffrez beau-
» coup, mon pauvre caporal ; tenez, prenez un peu de vin ;
» c'est du Bordeaux, cela ne vous fera pas de mal. Vous devez
» avoir faim ? Mais, mon Dieu ! l'on ne vous attendait que de-
» main, et l'on n'a rien préparé. — Allons, prenez du biscuit.
» — Et puis, vous fumez, je pense, et je vous apporte du
» tabac. » Et cette bonne sœur me fit faire un petit souper de
Bordeaux et de biscuit, qui fut délicieux. Puis, quand j'eus ter-
miné ce délicat repas, elle prit une chaise, s'assit à mon che-
vet, et voulut bien causer avec moi, me demandant des détails
sur notre victoire, avec une curiosité toute patriotique. Je m'ap-
pliquai à la satisfaire de mon mieux ; mais s'apercevant que je
ne fumais pas, elle m'interrompit et me dit : « Quoi, mon enfant, vous craignez le tabac ? — Non pas, ma sœur ; mais je
crains de vous fatiguer, vous qui avez déjà la bonté de rester
auprès de moi » Elle voulut absolument que je bourrasse ma
pipe, et me présenta elle-même une allumette enflammée :
j'en étais tout ému. « Si vous vous êtes habitué à la fumée du
canon, me dit-elle, je puis bien, moi, m'habituer à la fumée
du tabac. »

Je continuai mon récit, fréquemment interrompu par les
« Ah ! mon Dieu ! » de ma douce gardienne dont l'extrême
sensibilité se révélait à chaque instant par des exclamations et
des mouvements qu'elle ne pouvait dominer. C'est qu'à racon-
ter la journée du 8 septembre, plus on sera vrai, plus on sera
sûr d'émouvoir ; toute fiction serait indigne et bien au-dessous
de la terrible poésie des faits.

> ... Date sublime, effroyable journée,
> De lauriers et de sang grande ombre couronnée !

Lorsque j'eus finis, la sœur me présenta un second verre de
Bordeaux, s'assura que la boisson préparée pour ma nuit était
suffisamment sucrée, n'oublia pas de me suspendre une mé-
daille de la Vierge au cou tout en s'assurant que j'avais la tête
suffisamment haute pour bien reposer, puis se retira me lais-

sant un gracieux bonsoir. Tout ce qui s'était passé au n° 15, qui était le mien, s'était passé à peu près de même auprès des autres lits.

La salle que venaient de quitter les sœurs fut bientôt remplie d'une épaisse fumée de tabac; il y avait quatre jours que nous étions sevrés de nos pipes ! Il ne resta auprès de nous qu'un infirmier ou deux pour nous veiller pendant notre sommeil qui ne fut pas long, je vous assure; nos blessures le rendaient difficile et pénible; du reste, nous avions perdu l'habitude de dormir dans des draps. Il me semblait, vraiment, que je n'étais pas dans mon assiette naturelle et qu'il me manquait quelque chose : en y réfléchissant, j'eusse reconnu que ce quelque chose était la terre pour lit, mon sac pour oreiller et la mitraille pour couvre-pieds.

Nos bonnes sœurs reparurent avec le jour. Elles venaient s'informer de notre repos. A l'émotion de leur voix, on devinait les tristes nouvelles qui leur servaient de réponse près de quelques lits : plusieurs d'entre nous avaient succombé ou touchaient à leurs derniers moments.

La salle fut promptement appropriée. Quelle différence entre nos baraques de Crimée et cette vaste et belle salle où Français et Russes recevaient les mêmes soins !

Nous étions bien nourris et avec son argent on pouvait se procurer toute espèce de petites bagatelles qui font grand plaisir et grand bien à un malade. Quant à moi, rien ne me manquait. J'avais encore presque tout l'argent que le général de Lamotte-Rouge avait eu l'extrême bonté de me faire remettre après ma blessure et celui qui m'était arrivé de ma bonne mère avec un si heureux à propos.

Mon camarade de lit n'eut pas beaucoup à souffrir non plus. C'était un russe polonais, et j'eus un vrai bonheur à partager avec lui. Il était amputé d'un bras, et pour quelques pipes que je lui bourrais, il me rendait mille petits services pour lesquels ma cuisse m'eût été d'une grande gêne.

Nous étions tous heureux de nous sentir aussi bien. Les Russes fraternisaient cordialement avec nous. Mon camarade de lit, qui pouvait se lever, le faisait dès que la visite du chirurgien était terminée, et se couchait fort tard pour rester, ainsi qu'il me le faisait comprendre, plus longtemps à ma disposition.

Je remarquai une chose qui me toucha beaucoup. C'est que, soir et matin, ce bon soldat se tournait régulièrement contre le mur, faisait cinq ou six signes de croix et murmurait une longue prière qui se terminait toujours par des prosternations répétées. Tous ces prisonniers russes faisaient de même, et peu à peu les Français, y compris les *esprits les plus forts*, se mirent à les imiter plus ou moins, tant cette action leur allait au cœur !

Plusieurs jours se passèrent ainsi, jusqu'au moment où un certain nombre d'entre nous durent être évacués sur Nagara, hôpital d'Asie.

Nous fûmes grandement affligés de cette décision de l'intendance, car nous étions encore bien souffrants ; mais il arrivait de Crimée des convois si considérables de blessés, que nous dûmes leur faire place. Nous nous embarquâmes de nouveau, et cet embarquement ne fut pas moins pénible que le premier. Comme pour celui-ci, en effet, on fut obligé de nous porter. Nous partîmes : les affectueux adieux des bonnes sœurs rendirent à la fois ce moment doux et triste. Elles nous firent promettre de leur donner de nos nouvelles ; parole que j'ai fidèlement tenue. J'eus l'honneur d'écrire à la sœur George, digne femme qui ne s'était séparée de moi qu'après avoir bourré mes poches de tabac, de biscuit et d'un grand flacon de bavaroise au lait. J'aurais un bien grand plaisir à la revoir un jour.

Hélas ! à Nagara, nous ne devions plus trouver ces chères sœurs, personnification du dévouement et de cette douceur que saint François de Sales, qui en fut le modèle, appelait la *vertu des vertus*. Cet ordre maintenant a conquis une place qu'il ne perdra jamais dans l'affection et l'admiration de l'armée. « La charité, fille de Jésus-Christ, signifie, au sens propre, grâce et joie, dit Châteaubriand. » C'est bien là la charité des filles de St-Vincent-de-Paul.

Que vous dire de leur patience, de leur impatience, de leur gaîté, de leurs chagrins? Il y a en elles une aimable proportion de tous ces mouvements du cœur que je ne saurais définir, mais qui rend leurs soins profondément sympathiques. Elles savent mieux que personne guérir les blessures comme fit le Samaritain *avec le vin et l'huile*. Et comme l'huile s'élève au-dessus de toutes les autres liqueurs, ainsi, dit saint François de Sales, il faut que la bonté domine toujours. J'ai trouvé cela dans l'excellent petit livre *Des seuls biens véritables*, que vous aviez mis entre mes mains, et je ne puis en faire une plus juste application qu'aux angéliques femmes dont la vertu a la bonté pour caractère spécial. Un jour, je ramassai dans la salle une petite image probablement tombée du livre de l'une des sœurs. Elle représente St-Vincent-de-Paul. Au dos sont écrites à la main ces paroles du grand saint lui-même : « Il faut que les « bonnes sœurs se comportent dans l'esprit de la sainte Vierge « en leurs voyages et en leurs emplois; qu'elles la voient sou- « vent des yeux de l'esprit, et qu'elles fassent toutes choses « ainsi qu'elles se représenteront dans la pensée que pourrait « faire Marie elle-même.» Lorsque je revis ma sœur habituelle : « Ma sœur, lui dis-je, j'ai votre secret. — Et où donc l'avez-vous trouvé, me dit-elle? » — « Au dos de cette image, répondis-je. »

De Constantinople à Nagara la mer fut magnifique, et comme nous étions étendus sur le pont du navire ce voyage fut pour nous un plaisir au lieu d'être un supplice, comme l'avait été celui de Kamiesch à Constantinople.

Nagara, placé à l'entrée des Dardanelles, présente à la vue un coquet hermitage. Ce n'est point un village, mais un fort turc qui donne son nom à l'endroit. Ce fort, quoique très-considéra-ble, n'est protégé que par la mer. Les soldats qui le gardent n'ont absolument rien qui inspire l'effroi; il serait difficile de rencontrer des mines plus débonnaires; ils nous regardaient avec une appréhension que l'on eût pu croire mêlé de respect, si la nature turque ne rendait inadmissible ce dernier sentiment. Quoi qu'il en soit, il n'est pas rare de voir un officier turc saluer le premier un simple soldat français. Quel singulier spectacle que ces fils de Mahomet faisant la courbette devant ces fils des Croisés ? Mais ce qu'il y a de plus étonnant encore, c'est que ces derniers ne soient là que pour être venus du royaume de Saint-Louis, se faire casser les os au bénéfice des premiers. J'ai rencontré un jour sur l'étalage d'un bouquiniste un vieux livre intitulé, autant que je puis m'en souvenir : *Les singularités de ce monde*. Je doute qu'il en présente de plus remarquable que celle que je viens de signaler.

L'hôpital anglais de Nagara est à la droite du nôtre, mais à une certaine distance. Tout y est bien tenu et les soldats anglais y sont comblés de soins.

Notre hôpital à nous peut contenir deux cents malades environ. Quoiqu'isolé des provinces commerçantes, sa position n'a rien de triste. Il est entouré de vastes terrains nus et rocailleux ; un soleil resplendissant y verse abondamment ses rayons; son éclat et sa chaleur animent et égayent cette campagne déserte, mais non sans charmes.

Nous devions y passer le mois de novembre sans nous apercevoir des brumes de l'automne. Les salles consacrées aux malades sont très-petites et ont servi d'écuries aux Turcs ; mais elles sont bien réparées, bien blanchies et ne laissent apparaître aucune trace du séjour qu'ont pu y faire les nobles descendants de la jument de Mahomet. L'établissement compte deux belles cours et un jardin assez spacieux. Ce jardin réclamerait la bêche d'un autre jardinier que le concierge de l'hôpital, lequel se contente d'y planter prosaïquement et tant bien que mal des choux et des navets, sur lesquels les maraudeurs prélèvent une dîme exagérée et qui réduit singulièrement les avantages de sa culture.

Nous ne trouvons plus là nos bonnes sœurs de Constantinople; la Providence, toutefois, nous y a ménagé un major exceptionnel, tenant à la fois, et par les meilleurs côtés, du médecin et du bourgmestre : M. Hélie est bien certainement le meilleur et le plus rond des docteurs.

Il veut que les infirmiers ne se mêlent de ses malades que pour faire leurs lits et suffire aux soins de propreté. Il fait lui-même les pansements, donne lui-même aux malades ce dont ils ont besoin, et ne ménage pas la *portion* dans ses ordonnances. Son système est un système réparateur opposé à la diète : il veut que l'on boive de *bons coups*, et, dans ses prescriptions, il accompagne chaque repas d'un verre de vin, suivant cette prescription antérieure à la sienne, du Livre de la Sagesse : *Bonum vinum lætificat cor hominis.* Aussi, ses malades ont-ils des *mines à croquer*, comme il se plaît à le dire lui-même.

A la dernière inspection, il a reçu la croix de la Légion-d'Honneur et l'on attend d'un jour à l'autre sa promotion au grade de chirurgien-major : c'est beau à 32 ans et d'autant plus beau que cela ne peut être plus mérité. Cet excellent homme sait se multiplier et lui seul est capable de compenser pour nous l'absence des sœurs. Il nous distribue du tabac et s'inquiète avec une préoccupation toute paternelle de ce qui peut nous faire plaisir : il aime tant *ses blessés !* Aussi ses soins excluent-ils toute rudesse et ont-ils une délicatesse toute particulière. Il s'extasie parfois devant une blessure et s'écrie avec un véritable enthousiasme : « Oh ! l'admirable plaie ! comme elle est vive ! » Cela ne l'empêche pas d'y passer la pierre infernale avec ce calme et magnifique aplomb qui, en présence de semblables opérations, émouvait si fort nos bonnes hospitalières de Constantinople et leur faisait, malgré elles, s'écrier : « Ah ! le bourreau ! » A part ce petit reproche, il ne serait pas possible de dire la vertu ou la qualité manquant à notre docteur.

Un blessé, ancien peintre d'enseigne, avait cru acquitter une dette de reconnaissance en charbonnant le portrait de ce dernier sur une grande feuille de papier d'emballage, seule toile dont il pût disposer. Le docteur était vu de face et cela ne ressemblait pas trop mal à la tour Malakoff surmontée d'une tête humaine. Crainte que l'on ne se méprît sur le sujet de son tableau, l'artiste avait écrit au bas : Le Docteur Elie.

Un poète y inscrivit les quatre vers suivants :

> Aux régions des célestes phalanges,
> Tout porté qu'il fût par des anges,
> Si le prophète Elie eût eu cet abdomen
> Il eût risqué très-fort de rester en chemin.

Un autre poète les fit suivre de ce quatrain :

> S'il réunit, ce cher Docteur,
> Ampleur de taille à bonne mine,
> C'est qu'en proportion du cœur,
> Le bon Dieu lui fit la poitrine.

Il possédait bien effectivement le plus grand cœur qui se puisse imaginer ; il nous y portait tous.

Le major Hélie avait pour principe qu'un malade qui rit est à moitié guéri. Aussi savait-il mille ingénieuses manières de communiquer sa gaîté et sa bonne humeur aux malades qui recevaient ses soins.

Avec un pareil docteur, la santé ne pouvait se faire attendre, et nous ne pouvions faire un long séjour à l'hôpital. Le mois de décembre arriva. La plupart d'entre nous touchaient au terme de leur guérison, et l'on reçut l'ordre d'une évacuation prochaine. Le docteur voulait tous nous renvoyer en France, nous y reposer des fatigues de Crimée. La guerre ne paraissait pas devoir finir sitôt. Plusieurs demandèrent à retourner au feu, et je fus de ce nombre. L'enfant aime à revoir le lieu où il est né ; le soldat aime à revoir la terre où son sang coula pour la première fois. Je fus donc dirigé de nouveau sur la Crimée ; je quittai Nagara plein de reconnaissance pour notre bon docteur, emportant, pour ne plus le perdre, le souvenir de ses bontés, et bâtissant mille rêves sur la continuation de la guerre.

Mais dois-je abandonner ces lieux, dont l'histoire resplendit comme ce soleil qui les dore d'un éternel sourire, sans rappeler aucun des souvenirs qui s'y rattachent ? Nagara-Bouroun, l'ancien Abydos, est situé sur l'Hellespont, à l'endroit le plus resserré du Détroit. Il fait face à l'antique Sestos, assis sur la côte d'Europe,

> Là-bas où vous voyez une tour isolée,
> Qui, lorsqu'en Palestine, allaient mourir nos rois,

était déjà la mystérieuse et poétique ruine dont lord Byron a ravivé l'auréole. Héro, jeune fille de Sestos, prêtresse de Vénus, fut aimée d'un jeune Grec d'Abydos, nommé Léandre. Or, chaque nuit Héro plaçait au haut de cette tour une lampe allumée, et chaque nuit Léandre traversait l'Hellespont à la nage, l'œil fixé sur ce phare dont lui seul comprenait le tendre et mystérieux appel. Mais une nuit, l'Amour fut ingrat; le jeune Grec, vaincu par la tempête, ne put toucher au rivage et disparut sous les flots, qui réunirent bientôt les corps des deux amants : Héro, désespérée, s'y était précipitée à son tour. Les savants vous disent que c'est là une fable; probablement parce que le récit est touchant, et qu'ils tiennent pour suspect tout ce qui prend place dans la mémoire des hommes par le chemin du cœur. Ce serait précisément là pour moi une preuve de la vérité du fait. La mémoire du cœur sera éternellement la plus sûre.

Lord Byron a justifié en un point la légende, en accomplissant lui-même à la nage le trajet d'Abydos à la côte d'Europe.

Nagara est également fameux par le pont de bateaux qu'y fit jeter Xercès sur l'Hellespont. Ce monarque n'était pas alors suivi de moins de trois à quatre millions d'hommes, affirment ces mêmes érudits qui trouvent incroyable l'histoire des deux amants de Sestos. Il est fort honorable, sans doute, pour la patrie de Léonidas et de Thémistocles que Xercès ait eu besoin d'une armée aussi puissante pour marcher contre elle et forcer les Thermopyles ; mais je préviens les savants que je ne leur en passerai le chiffre qu'à la condition qu'ils me laisseront croire à ma tour de Léandre.

Ces flots qui me portent sont ceux que ce même Xercès fit fouetter pour avoir rompu le pont dont il avait humilié leur orgueil. Xercès n'aimait pas les orgueilleux ; tous les Xercès sont de même ! Du reste, on dirait que les flots se souviennent de la leçon tant ils sont calmes en ce moment. Si nous eussions passé ici il y a trois ou quatre mille ans et que la mer eût été aussi tranquille, à la courte distance qui nous sépare de Lemnos, l'antique séjour de Vulcain, nous eusssions pu entendre le marteau du disgracieux époux de Vénus forgeant le bouclier d'Achille ou ces fameux filets moins destinés à humilier le dieu Mars, qu'à nous prouver, sans doute, que :

De tout temps la valeur sut plaire à la beauté.

A propos du bouclier d'Achille, je vous ai déjà remercié de l'Iliade que vous voulûtes bien m'envoyer par le P. de Damas ; mais je ne vous ai pas dit les gais moments que j'ai dus à ce bienheureux volume. Mon bonheur était dans les lectures que j'en faisais à haute voix, entouré d'un auditoire en uniforme (mais non en uniforme d'académiciens). Il a été publié bien des commentaires sur l'œuvre d'Homère; ils n'ont rien de commun, je vous assure, avec ceux qui s'improvisaient autour de moi. Je reviendrai plus tard sur ces *séances littéraires*.

Mais nous ne pouvons passer outre sans saluer Ténédos, de poétique mémoire. Cette poésie des souvenirs est tout ce qui lui reste aujourd'hui. Virgile raconte que les Grecs, lorsqu'ils feignirent de quitter Troie en laissant le cheval de bois, vinrent se cacher derrière cette île. Réduite à l'état d'entrepôt, nos sacs de farine y représentent seuls la civilisation en ce moment. . . . .

. . . .

Nous voici débarqués à Gallipoli, chef-lieu d'un livah du même nom sur le canal des Dardanelles. Les géographes lui donnent quinze à seize mille habitants et deux bons ports. La presqu'île de Gallipoli est l'ancienne Chersonèse de Thrace. C'est la première ville que les Turcs aient eue en Europe ; ils la prirent en 1556. O Gallipoli ! puisses-tu devenir le séjour de tous ceux que j'envoie au diable, je ne leur souhaite pas pis.

Gallipoli est bâti en amphithéâtre comme Constantinople. C'est une ville essentiellement *stercoraire*, suivant la qualification dont aimait à se parer lui-même votre ami le riche agronome de Bresse, qui poussait à un si haut degré la religion des engrais. Il eût trouvé ici, sous ce point de vue, des richesses accumulées outre mesure. A l'arrivée des Français, chaque rue de Gallipoli était un charnier immonde ; aussi cette aimable cité reçut-elle immédiatement de nos troupiers un nom merveilleusement approprié à sa nature, mais que je ne puis convenablement transporter ici de la langue des camps où elle doit rester.

Il n'est pas d'un bout à l'autre de la ville deux habitants qui ne puissent avec vérité se renvoyer l'un à l'autre ce vers si connu :

Je suis sur mon fumier, comme toi sur le tien.

Et cependant, en grattant bien, peut-être le coq du bon Lafontaine rencontrerait-il encore dans ces fumiers quelque perle tombée autrefois du front des Emirs. Ces rues et ces places infectes, où nos soldats ont eu à renouveler le travail d'Hercule dans les écuries d'Augias, ont connu en effet, ces splendeurs féériques que l'Orient ne possède plus que dans les *Mille et une Nuits*.

Gallipoli a eu ses palais, et ces palais ont eu leurs fêtes étoilées de diamants et parfumées de roses....

> Eternité, néant, passé, sombres abymes,
> Que faites-vous des jours que vous engloutissez ?

Au centre de la ville se trouve une fontaine, objet de la vénération publique et aux eaux de laquelle la foi musulmane attribue les vertus les plus merveilleuses. La classe ouvrière surtout l'entoure d'un respect particulier et la visite le matin à la pointe du jour et le soir à la tombée de la nuit. Ces vrais croyants expriment leur vénération par des révérences sans nombre, accompagnées d'oraisons composées de mots abracadabrans aussi parfaitement inintelligibles, pour eux qui les prononcent et les savent par cœur, que pour nous-mêmes, qui n'en pourrions retenir un seul. Je n'aurais trouvé là que matière à rire, si je ne m'étais rappelé une bien belle pensée de Châteaubriand, rapportée dans le livre du *Culte de Marie* que vous m'aviez envoyé, pensée que j'aime à transcrire ici. Après avoir fait observer que les oraisons, en langue ignorée du vulgaire, semblent redoubler le sentiment religieux de la foule qui les prononce, le grand écrivain ajoute : « Ne serait-ce point là un effet naturel de notre « penchant au secret ? Dans le tumulte de ses pensées et des « misères qui assiégent sa vie, l'homme, en prononçant des « mots peu familiers ou même inconnus, croit demander les « choses qui lui manquent et qu'il ignore ; le vague de sa « prière en fait le charme, et son âme inquiète, qui sait peu ce « qu'elle désire, aime à former des vœux aussi mystérieux que « ses besoins. »

L'eau de cette miraculeuse fontaine est réservée ; une grille en fer la défend des gosiers trop altérés, les habitants mêmes qui en sont le plus rapprochés ne peuvent en user pour leurs besoins et sont obligés d'aller lointainement se pourvoir ailleurs. J'en ai goûté cependant, et si c'est la vertu de Mahomet qui a opéré en moi, elle y a opéré, je suis forcé de l'avouer, à la façon d'une limonade au citrate de magnésie. — Il n'y a pas de mosquée proprement dite à Gallipoli ; on ne saurait donner ce nom aux voûtes délabrées qui en tiennent lieu.

J'ai le regret d'avoir à consigner ici, que les Français ne possèdent point les bonnes grâces de leurs alliés Gallipolitains. Il n'eût pas été prudent à un homme seul d'être attardé le soir dans certains quartiers. Mais à deux, nous pouvions braver les heures et les lieux en toute sécurité. Deux Français suffisaient à toutes les éventualités d'attaque, quel que fût le nombre de leurs agresseurs. J'ai plus d'une fois moi-même joué mon rôle dans ces combats indignes d'être ennoblis par l'usage du fer et où le poing restait la seule arme employée de notre part.

La troupe française qui se trouvait à Gallipoli se composait d'un pêle-mêle de différents corps attendant leur embarquement pour la Crimée ou pour la France. Le service militaire s'y faisait néanmoins avec exactitude. Il y avait six postes, et comme il n'y avait bien souvent que six caporaux, ces postes étaient tenus par les mêmes hommes quinze jours durant ou trois semaines. Le caporal, qui ne pouvait naturellement rester un aussi long temps sans sortir, avait, en ce cas, l'autorisation de laisser parfois, le jour, son poste aux ordres d'un soldat d'élite. La sortie du caporal n'était point un simple passe-temps de sa part et n'avait pas seulement pour but de renouveler l'air de ses poumons. Il décampait armé de son fusil fourni par la place, et s'en allait abattre, pour la nourriture du poste, ou mouton ou volaille, ou l'un et l'autre, le plus souvent. Je me hâte d'ajouter que le Turc aux dépens duquel s'exerçait ce droit du seigneur ne s'en formalisait pas le moins du monde et trouvait ce procédé tout naturel, ou paraissait du moins le trouver ainsi. Qu'en pensait-il intérieurement, c'est ce qu'il est difficile de savoir d'un Turc. Je me suis imaginé, cependant, que nos façons d'agir devaient lui sembler pas mal singulières.

L'hôte inséparable qui vous poursuivait à Gallipoli était l'ennui. Ce fut bien pis pour moi quand ma blessure se rouvrant, je dus prendre un nouveau billet d'hôpital. Cet hôpital était placé hors de la ville et formé de baraques en bois. Les quelques jours que j'y passai me parurent sans fin. Je devais y retrouver cependant mes bonnes sœurs de Saint-Vincent de Paul. Elles étaient trois seulement. Mais elles ne prirent possession de l'hôpital que cinq jours avant mon départ, et je n'eus pas le temps de faire leur connaissance. Je n'aspirais d'ailleurs qu'à me retrouver en Crimée; il me semblait que chaque heure qui m'en tenait éloigné était un flot qui me rejetait en arrière et enlevait une chance à mon avenir. La mer Noire, que j'allais traverser de nouveau, fut autrefois le Pont-Euxin des Argonautes. Moi aussi j'étais un Argonaute poursuivant ma *toison d'or* : je la rêvais sur mes épaules en forme d'épaulettes . . . .

. . . .

LYON. — Imp. de J.-B. Pélagaud.

www.ingramcontent.com/pod-product-compliance
Lightning Source LLC
LaVergne TN
LVHW012103030726
842523LV00002B/703